いくら食べても太らない！

旨い酒のつまみ

宝島社

はじめに

私が減量をはじめたのはいまから16年前の２００２年、52歳で糖尿病とわかってからです。

30代までは、身長１６７㎝で体重は56～57㎏のやせ体型。どれだけ食べても、大吟醸とビールを浴びるほど呑んでも太りませんでした。しかし、40歳を過ぎた頃から腹が出てきて、52歳のときには体重が67㎏に増え、腹回りは87㎝。血圧も１５０／90㎜Hgほどで、メタボリックシンドロームの診断基準を十分に満たしていたのです。

週に3回テニスをしてスポーツジムに通って、脂肪摂取を控えてカロリー過多にならないように注意していたのに、とうとう糖尿病・メタボになってしまったのです。これでは医師としての面目丸つぶれで、患者さんに合わせる顔がありません。

幸い、高雄病院では、１９９９年から、糖質制限食を糖尿病患者さんの治療に導入して画期的な成果を上げていました。多くの患者さんを診てきて、糖質制限食は、好きなお酒を呑み、カロリー制限なしで、豊かな食生活をしながら減量が可能な唯一の方法だと確信していました。

あとは実践あるのみです。食事は主食を抜き、外食でも徹底的に糖質を避けています。お酒は糖質を含まないものだけを解禁としました。すると、血糖値は即安定し、半年で10kgの減量に成功。以来、体重は57kgを維持しています。

みなさんの同志として私の酒量を告白しますと、毎晩、糖質ゼロの発泡酒を1缶と焼酎の水割りを3、4杯呑みます。焼酎は720mℓが4～5日で空くくらいのペースです。辛口赤ワイン1／2本にすることもあります。外食では少し酒量が増えたりもします。

結果、私のアルコール摂取量は適量を確実にオーバーしています(汗)。決してみなさんにおすすめできる酒量ではありませんのでご注意ください。

幸いなことに私の肝機能はすこぶる健康なので、アルコールによる発がん性や脂肪肝のリスクを承知して、自己責任で呑んでいます。肝機能が弱っている方や、ほかに病気を抱えていらっしゃる場合は、くれぐれも医師の指示を守っていただきたいと思います。

※世界がん研究基金2007年の勧告では、アルコールの推奨量は男性1日20～30g、女性は1日15gまでとしています。米国糖尿病学会は1日にアルコール24g（30㎖）を食事とともにとる程度は適量としています。お酒に換算すると、ビール（5％）600㎖、ワイン（15％）200㎖、ウイスキー（43％）70㎖です。

ここで大切なお願いがあります。〆のラーメンやお茶漬けについてです。糖質の吸収についてはさまざまな研究がなされていて、食事のはじめに食物繊維や酢をとると糖の吸収が抑えられるとか、白米よりもバターライスの方が血糖値が上がりにくいということがわかっていますが、どんなに頑張っても糖質を食べなかったことにはできません。しかも、たくさん食べれば、それなりに糖質をとってしまいます。

最後に主食が食べたくなるのは、おそらく呑み終えるまでにお腹が満たされていないからです。そんな場合は肉や魚、チーズたっぷりのつまみを食べてください。

炭水化物は我慢していると余計に食べたくなりますが、お酒と一緒につまみを食べて満足しながら呑めば、3か月~半年もすると体が糖質を欲しがらなくなります。お腹がスッキリして体調もよくなります。濃い味が好きだった人も、いつの間にか薄味を好むようになります。

よいことづくしのつまみで、太らない呑み方を実践してください。

江部康二

いくら食べても太らない旨い酒のつまみ四か条

一、カロリーは気にしない。

二、呑んでも太らない酒を選ぶ。

三、チーズ、マヨネーズ歓迎。

四、〆はラーメンより、肉。

まず言いたいのは、カロリーは気にしなくてよいということ。つまみで太る要因となる糖質を食べなければ太りません。よって、糖質が少ないチーズやマヨネーズはむしろ食べるべき。糖質をカットした分のエネルギーを補うためです。〆の定番、ラーメンはこってりの脂ではなく、麺の糖質が問題。お腹を満たす〆にはお肉が最適です。この4つを実践すれば、太らない晩酌が実現します。

呑んでも太らない酒とは？

太る酒とは？

- 日本酒 糖質 4.9g
- ビール 糖質 3.1g
- 紹興酒 糖質 5.1g
- 梅酒 糖質 20.7g
- キュラソー 糖質 26.4g

＊100gあたりの糖質量

酒は大きく分けると、醸造酒、蒸留酒、混成酒に分類されます。「太らない酒」とは、糖質を含んでいない、焼酎、ウイスキー、ジン、ウォッカ、ブランデーなどの蒸留酒です。最近、人気のハイボールは、ウイスキーをソーダで割ったものです。

糖質ゼロの発泡酒にはわずかに糖質が含まれていることもありますが、大量に呑まなければ問題なし。ワインは醸造酒の中では糖質が少なめなので、赤・白とも辛口でほどほどの量なら０Ｋです。

一方、太る酒とは、日本酒やビールなどの醸造酒。糖質が多く含まれています。

いくら食べても太らない！旨い酒のつまみ　目次

1章　渇いたのどを潤して小腹を満たす即席つまみ

【とりあえずつまみ】

2章　旨い酒がより旨くなる味わいの肴

【焼き物】

【揚げ物】

【炒め物】

3章　じっくり愉しむ満足の小鍋つまみ

4章 ラーメンに別れを告げる〆の一品

【〆】

［この本の使い方］

◎材料は2人分です。糖質、熱量、塩分の栄養成分値は1人分です。
◎小さじ1は5㎖、大さじ1は15㎖、1カップは200㎖です。
◎材料のだし汁は顆粒だしを規定の水で溶いたものを使用しています。
◎しょうゆは特に指定のない場合、濃口しょうゆを使用しています。
◎電子レンジの加熱時間は600wのときの目安です。機種により加熱時間が異なります。
◎グリルやオーブントースターは基本的に予熱してから使用しています。
◎火加減は特に指示のない場合は中火で調理してください。
◎糖質制限食実践時のご注意／経口血糖降下剤（オイグルコン、アマリールなど）の内服やインスリン注射をされている場合は、必ず医師と相談してください。診断基準を満たす膵炎がある場合、肝硬変の場合、そして長鎖脂肪酸代謝異常症は、適応となりませんのでご注意ください。

構成　黒川ともこ、佐々木千花
編集　中村直子、星野由香里
撮影　牧田健太郎
料理アシスタント　国本数雅子、松岡裕里子
デザイン　鈴木大輔、仲條世菜（ソウルデザイン）
DTP　オフィス・ストラーダ

1 章

渇いたのどを潤して
小腹を満たす
即席つまみ

とりあえずつまみ

アボカド塩昆布

糖質
1.5g

エネルギー 98kcal
塩分0.6g
（1人分あたり）

1 アボカドは皮と種を取り、ひと口大に切る。

2 ボウルに①とAを入れて和え、器に盛る。

［材料2人分］
アボカド…大1/2個
A
レモン汁…大さじ1/2
塩昆布…大さじ1
ごま油…少々

旨さ倍増！
ポイント

アボカドは全体に張りがあり、深い緑色で黒みがかったものを選んで。

雷こんにゃく

糖質
0.6g

エネルギー　49kcal
塩分0.7g
（1人分あたり）

1
こんにゃくはスプーンでひと口大にちぎり、熱湯で1分ゆでてあく抜きをする（またはあく抜き済みのものを使用する）。

2
フライパンに①を入れて乾煎りしたら、Aを加えて汁気がなくなるまで炒める。

3
②をかつお節で和えて、器に盛って七味唐辛子をかける。

【材料2人分】
こんにゃく…1枚
かつお節…小パック1袋
七味唐辛子…適量

A
ごま油…大さじ1／2
しょうゆ…大さじ1／2
焼酎…大さじ1／2

白菜とツナのにんにくじょうゆ

糖質 3.7g

エネルギー 135kcal
塩分0・8g
（1人分あたり）

1 にんにくは、しょうゆと合わせる。

2 白菜は手でひと口大にちぎって耐熱皿に入れ、ラップをかけて電子レンジで5分加熱する。

3 白菜とツナを皿に盛って、①のにんにくじょうゆで食べる。

【材料2人分】
白菜…300g
ツナ缶（オイル漬け）…1缶
にんにくスライス…4〜5枚
しょうゆ…小さじ1

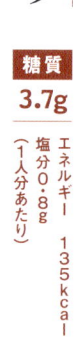

しらすおろし

糖質
1.7g

エネルギー　24kcal
塩分0・9g
（1人分あたり）

1 青じそは手でちぎる。

2 器に汁気を軽くしぼった大根おろし、①、しらすを盛る。

3 しょうゆをかけて食べる。

［材料2人分］
しらす…20g
大根おろし…100g
青じそ…4〜5枚
しょうゆ…小さじ1

旨さ倍増！ポイント

大根は葉に近いほうが甘味が強く、下のほうは辛みがあるので好みで使い分けを。

チーズおかか

糖質
0.7g

エネルギー　98kcal
塩分0.2g
（1人分あたり）

1　クリームチーズはサイコロ状に切る。
2　かつお節と白すりごまを①にまぶす。

［材料2人分］
クリームチーズ…50g
かつお節…小パック1/2袋
白すりごま…小さじ1

旨さ倍増！
ポイント

おかかを振ることで旨みが増し、必須アミノ酸もとれる。

焼き枝豆バターしょうゆ

糖質 1.1g

エネルギー 64kcal
塩分0.5g
（1人分あたり）

1 フライパンに冷凍枝豆を入れ、両面に焼き色がつくまでじっくり焼く。

2 枝豆が解凍され、焼き色がついたら、バターとしょうゆを加え、全体にからめる。

【材料2人分】
冷凍枝豆…100g
バター…6g
しょうゆ…小さじ1

旨さ倍増！ポイント

焼きすぎると、こげ臭くなるので注意。

きゅうりとザーサイ和え

糖質 1.6g

エネルギー 14kcal
塩分0.3g
（1人分あたり）

1 きゅうりはヘタを切り落として、麺棒でたたいてひびを入れる。

2 ①を手で食べやすい大きさに割いて、ザーサイ、長ねぎ、塩と和え、仕上げに粗びき黒こしょうを振る。

【材料2人分】
きゅうり…1本
ザーサイ（粗みじん切り）…大さじ2
長ねぎ（粗みじん切り）…大さじ1
塩…少々
粗びき黒こしょう…少々

旨さ倍増！ポイント

塩漬けのザーサイは塩抜きをする必要があるので、味付きのザーサイがおすすめ。

ししとうコンビーフ

糖質
0.9g

エネルギー　84kcal
塩分0.7g
（1人分あたり）

1 ししとうは縦半分にして種を取り除く。コンビーフはほぐしておく。

2 ししとうにコンビーフをのせて食べる。

［材料2人分］
ししとう…6本
コンビーフ…1缶

旨さ倍増！ポイント

ヘタがピンとしていて、全体に張りとつやがあるししとうがおいしい。

ビーフジャーキーキャベツ

糖質
2.1g

エネルギー　54kcal
塩分0.8g
（1人分あたり）

1 ビーフジャーキーはキッチンばさみでひと口大に切り、アルミ箔に包んでオーブントースターで温める。

2 ①にレモンをたっぷりかけ、ちぎったキャベツにのせて食べる。

［材料2人分］
ビーフジャーキー…1袋
キャベツ…1枚
レモン（くし形切り）…適量

旨さ倍増！
ポイント

ビーフジャーキーは冷めるとかたくなるので、温かいうちに食べる。

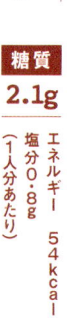

カマンベールアーモンド

糖質
0.7g

エネルギー　126kcal
塩分0.5g
（1人分あたり）

1 カマンベールチーズは食べやすい大きさに切る。

2 断面にアーモンドをつけてオリーブ油をかけ、粗びき黒こしょうを振る。

［材料2人分］
カマンベールチーズ…1/2個
アーモンド（ロースト・無塩）…8粒
オリーブ油…少々
粗びき黒こしょう…少々

旨さ倍増！ポイント

アーモンド以外のナッツを使ってもおいしくできる。

セロリ生ハム

糖質
1.6g

エネルギー　38kcal
塩分0.4g
（1人分あたり）

1 セロリは大きければ包丁で縦に切り、スティック状にして筋を取る。葉が多いときは、適宜取り除く。

2 ①に生ハムを巻く。

［材料2人分］
セロリ（葉付き部分）…4本
生ハム（ももハム）…4枚

旨さ倍増！ポイント

セロリの筋が多いときはピーラーを使って取り除く。

大豆バター

糖質
0.5g

エネルギー 73kcal
塩分0.5g
（1人分あたり）

1 大豆水煮缶は水気を切って耐熱皿に盛り、ラップをかけて電子レンジで1分加熱する。

2 ①にしょうゆをからめて青のりを振り、熱いうちにバターをのせて溶かしてから食べる。

【材料2人分】
大豆水煮缶…1／2缶
バター…6g
しょうゆ…小さじ1／2
青のり…適量

旨さ倍増！ポイント

大豆は蒸し大豆を使ってもOK。

ガーリックオイルサーディン

糖質
0.7g

エネルギー　201kcal
塩分0・6g
（1人分あたり）

1 オイルサーディンの缶蓋を開け、にんにくを入れて網（またはオーブントースター）の上で加熱する。

2 オイルがふつふつとして、にんにくの香りがしてきたら、パセリとしょうゆをかける。

【材料2人分】
オイルサーディン…1缶
にんにく（粗みじん切り）…小さじ1
パセリ（みじん切り）…少々
しょうゆ…少々

スティック野菜のしば漬けディップ

糖質 3.1g

エネルギー 63kcal
塩分0.8g
（1人分あたり）

1 きゅうりはヘタを取り、大根は皮をむいて、それぞれスティック状に切る。

2 しば漬けはみじん切りにして酢と和え、マヨネーズを加えて混ぜ合わせる。

3 ①に②をつけて食べる。

【材料2人分】
きゅうり…1本
大根…100g
しば漬け…大さじ2
酢…小さじ1/2
マヨネーズ…大さじ1

チーズとアボカドのミルフィーユ

糖質
0.8g
エネルギー　179kcal
塩分0・5g
（1人分あたり）

1 アボカドは皮と種を取り除き、薄切りにする。スライスチーズは4等分に切る。

2 アボカドとチーズを交互に重ね、食べやすい大きさに切ってつま楊枝で刺す。

［材料2人分］
アボカド…1／2個
スライスチーズ…2枚

旨さ倍増！ポイント

すぐに食べないときは、アボカドにレモン汁をかけて変色を防ごう。

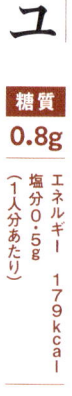

焼きたらこ大根

糖質
0.4g

エネルギー　33kcal
塩分1.0g
（1人分あたり）

1 フライパンにたらこを入れ、転がしながら焼く。たらこの色が変わり、身が焼けてかたくなったら、フライパンから取り出して粗熱をとる。

2 大根は薄切りにしてから4等分に切る。

3 ①のたらこを輪切りにして②にのせる。

［材料2人分］
たらこ…1／2腹
大根…適量

旨さ倍増！ポイント

たらこはしっかり焼いて、冷めてからのほうが包丁で切りやすい。

のりチーズ

糖質
0.6g

エネルギー 112kcal
塩分0.9g
（1人分あたり）

1 食べやすい大きさに切ったチーズとのりを皿に盛る。

2 チーズをのりで包みながら食べる。

［材料2人分］
プロセスチーズ…適量
のり（8枚切り）…適量

旨さ倍増！ポイント

のりで巻いたチーズを皿に盛るよりも、食べるときに巻くほうがのりの食感がよい。

やみつきピーマン

糖質
1.9g

エネルギー 51kcal
塩分0・7g
（1人分あたり）

1 ピーマンは縦半分に切ってヘタと種を取り除き、手で食べやすい大きさにちぎる。

2 ボウルで①とその他の材料を和える。

【材料2人分】
ピーマン…1袋
塩…小さじ1／4
ごま油…大さじ1／2
しょうが（みじん切り）…小さじ1
白いりごま…小さじ1

旨さ倍増！ポイント

味付けはほかの野菜にも応用できるので、いろいろ試して。

column

炒め物はオリーブ油かバターで

加熱調理で使う油は、熱に強いオリーブ油がよいでしょう。LDL(いわゆる悪玉)コレステロールを上げにくいオレイン酸が豊富です。

少し値は張りますが、体内で合成されない必須脂肪酸であるα-リノレン酸を含むえごま油もおすすめです。α-リノレン酸は、動脈硬化の予防や、免疫力の改善、がんの予防にも役立ちます。ただし、加熱するとそれらの効果が失われるので、できた料理にかけて食べてください。

サラダ油や大豆油は、アレルギーや動脈硬化、がんを引き起こすといわれているリノール酸が多いのであまりおすすめしません。ごま油は比較的リノール酸の割合が低いので、風味づけに使ってもいいと思います。

バターやラードなどの、常温で固体になる飽和脂肪酸は、脳梗塞や心筋梗塞を起こすリスクを高めるという理由で、長年、悪者扱いされてきましたが、最近ではその信ぴょう性がゆらいでいます。ですから、炒め物にバターやラードを使っても問題ありません。ただし、発酵バターは微量の糖質を含んでいるので使いすぎないようにしてください。

2 章

旨い酒が より旨くなる 味わいの肴

小鉢

するめいかと春菊のおひたし

糖質

1.0g

エネルギー　35kcal
塩分0.7g
（1人分あたり）

1 するめいかそうめんはキッチンばさみで食べやすい長さに切る。

2 春菊は熱湯でさっとゆでて冷水にとり、水気をしぼって食べやすい大きさに切る。

3 ①と②とAを合わせて和える。

珍味売り場にあるするめいかそうめんを使う

【材料2人分】
するめいかそうめん…5g
春菊…1束
A
しょうゆ…小さじ1/4
だし汁…3/4カップ

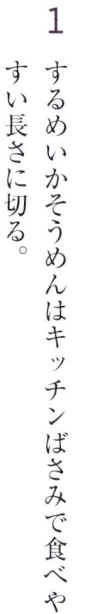

ししゃも南蛮

糖質
1.4g

エネルギー　176kcal
塩分1.7g
（1人分あたり）

1 マリネ液は混ぜ合わせておく。ししゃもはグリルで焼き色がつくまで焼く。

2 かいわれ大根は根を切り、皿に盛る。

3 ②に焼きあがったししゃもをのせ、マリネ液をかけて食べる。

【材料2人分】
ししゃも…8本
かいわれ大根…1パック
マリネ液
- だし汁…1/4カップ
- しょうゆ…大さじ1/2
- 酢…大さじ1と1/2
- ごま油…大さじ1/2
- 赤唐辛子（種抜き・ちぎる）…1本

旨さ倍増！ポイント

時間をおいて、マリネ液がしみたししゃもとかいわれ大根を一緒に食べるのもおいしい。

ほうれん草のどっさりかつお節

糖質 0.9g

エネルギー 32kcal
塩分1.4g
（1人分あたり）

1 梅干しは種を取り除き、包丁でたたいておく。

2 ほうれん草は熱湯でさっとゆでてから冷水にとり、水気をしぼったら根を切り落として、食べやすい長さに切って器に盛る。

3 ②にかつお節を振りかけ、①としょうゆをかけて食べる。

【材料2人分】
ほうれん草…1束
かつお節…小パック2袋
梅干し…1個
しょうゆ…小さじ1

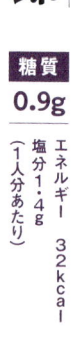

きゅうりともずくの酢レモン

糖質
2.5g
エネルギー 21kcal
塩分1.4g
（1人分あたり）

1 きゅうりは薄い輪切りにし、ボウルに入れて塩でもむ。

2 レモンスライスは4等分に切る。

3 ①に②ともずくを入れ、Aを加えてよく混ぜる。

［材料2人分］
きゅうり…1本
塩…少々
もずく（生）…80g
レモン（スライス）…2～3枚
A
しょうゆ…小さじ2
酢…小さじ2
水…大さじ2

クレソンのおひたし

糖質
1.1g

エネルギー　8kcal
塩分0.5g
（1人分あたり）

1 クレソンは熱湯でさっとゆでてから冷水にとり、水気をしぼって食べやすい大きさに切る。

2 器に盛って合わせたAをかけ、なじませる。

［材料2人分］
クレソン…2束
A［だし汁…1/4カップ
　しょうゆ…小さじ1

旨さ倍増！ポイント

Aをかけてすぐに食べるのもおいしいが、少しおいてから食べると味がなじんで、よりおいしい。

スパイラルきゅうりの1本漬け

糖質 1.0g

エネルギー 7kcal
塩分1.0g
（1人分あたり）

＊塩分40％浸透の計算

1 きゅうりはヘタを切り落とし、半分に切る。割り箸を割って、きゅうりの断面の中央に刺し通す。

2 ①に包丁の刃を斜めに入れ、きゅうりを手前に転がしながら切り込みを入れる。

3 ポリ袋にAの塩水を入れて②を浸し、10分ほど漬ける。このとき、コップにポリ袋を入れて縦に漬けておくと、きゅうり全体がよく漬かる。

包丁の刃を割り箸にあてて、きゅうりを転がす

［材料2人分］
きゅうり…1本
A［塩…小さじ1
　水…1カップ

焼き大根

糖質
2.1g

エネルギー　32kcal
塩分0・5g
（1人分あたり）

1 Aは混ぜ合わせておく。

2 大根は厚さ4〜5㎜に切ってから4等分にする（薄すぎず、厚すぎずの厚みがおいしい）。

3 フライパンに油を熱し、②を入れて両面に焼き色がつくまで焼く。

4 ③に①を回し入れ、からめるようにさっと炒める。

【材料2人分】
大根…100g
油…適量
A
- にんにく（おろし）…小さじ1／4
- カレー粉…小さじ1／4
- しょうゆ…小さじ1

いんげんとじゃこ和え

糖質
1.2g

エネルギー　12kcal
塩分0・6g
（1人分あたり）

1 いんげんはヘタを切り落とし、食べやすい大きさに切って耐熱容器に入れる。水大さじ1（分量外）を振りかけ、ラップをふわりとかけて電子レンジで1分30秒加熱する。

2 ①とじゃこを和えて器に盛り、おろししょうがをのせてしょうゆをかけて食べる。

【材料2人分】
さやいんげん…8本
じゃこ…小さじ2
しょうが（おろし）…小さじ1／2
しょうゆ…小さじ1

旨さ倍増！ポイント

温かいうちに食べるとおいしい。時間をおく場合は、加熱したいんげんを冷水で締めると色止めになる。

小松菜のみそマヨ和え

糖質
2.5g

エネルギー　72kcal
塩分0・8g
（1人分あたり）

1 小松菜は熱湯でさっとゆでて冷水にとり、水気をしぼって食べやすい長さに切る。

2 ボウルでマヨネーズ、みそ、からしを混ぜ合わせて、①を加えて和える。

【材料2人分】
小松菜…1束
マヨネーズ…大さじ1
みそ…小さじ1
からし（チューブ）…小さじ2

旨さ倍増！
ポイント

葉物野菜はゆですぎると食感が悪くなるので注意する。

column

加工食品はラベルを見る

たまには調理済みの加工品でかんたんに済ませたい時もあるでしょう。そんな時は、商品や、惣菜に貼り付けられているラベルの栄養成分をチェックしてください。ここには重要な情報が詰まっています。

ほとんどの商品にカロリーが記載されていますが、そこは気にせず見つけるべきは「糖質量」。糖質量が見当たらない場合は、「炭水化物」と「食物繊維」を探します。「炭水化物（g）」から「食物繊維（g）」の量を差し引くと糖質量がわかります。

栄養成分が記載されていないものもありますが、糖質量がわからないものはこの際、買わないこと。

また、注意したいのは、ラベルがどれくらいの量に対しての成分を表示しているかです。商品1個あたりの場合もあれば、食品の内容量が200gでも、100gあたりの成分を表示していることもあります。食物繊維を含まないものは食物繊維量が記載されていないこともあります。その場合は炭水化物量＝糖質量となります。

シーザーサラダ

糖質
1.9g

エネルギー 182kcal
塩分1.0g
（1人分あたり）

【材料2人分】
レタス…2〜3枚
ベーコン…40g
オリーブ油…小さじ1
粉チーズ…大さじ2〜3
フレンチドレッシング…大さじ1
＊15gあたり炭水化物0.9gの市販品を使用

1 ベーコンは棒状に切る（または切れているタイプを使う）。フライパンにオリーブ油を熱し、ベーコンの表面がカリッとするまで焼く。

2 皿に食べやすい大きさにちぎったレタスを盛り、①を散らす。

3 粉チーズをたっぷりかけ、フレンチドレッシングを全体にかけて食べる。

旨さ倍増！ポイント

ベーコンを焼いたときの油をレタスにかけると旨みが増す。

懐かしサラダ

糖質
1.1g

エネルギー　116kcal
塩分0・9g
（1人分あたり）

1 レタスは食べやすい大きさにちぎる。乾燥わかめは水にひたして戻し、水気を切る。

2 ①とボイルえびを器に盛りつける。

3 Aを混ぜ合わせてオーロラソースを作り、②にかけて食べる。

［材料2人分］
レタス…2枚
乾燥わかめ…大さじ2
ボイルえび（殻なし）…4〜5尾
A［トマトピューレ…小さじ1
　マヨネーズ…大さじ2

大根ツナサラダ

糖質
4.4g

エネルギー　164kcal
塩分1.9g
（1人分あたり）

1
大根は棒状に切り、ボウルに入れて塩もみしたら10分おく。大根から水分が出てしんなりしたら、流水にさらして塩抜きをし、ザルに上げる。キッチンペーパーで包んで、もみながらしっかりと水気を拭き取る。

2
ボウルにツナ、マヨネーズ、しょうゆを入れてよく混ぜ合わせ、①を加えて和えたら、器に盛って万能ねぎを散らす。

【材料2人分】
大根…200g
塩…小さじ1／3
マヨネーズ…大さじ2
しょうゆ…大さじ1
ツナ缶（オイル漬け）…1缶
万能ねぎ（小口切り）…適量

さば缶サラダ

糖質
1.2g

エネルギー　190kcal
塩分0・8g
（1人分あたり）

1 たまねぎは皮をむき、芯を取り除いて粗めのみじん切りにする。

2 青じそは手でちぎる。

3 器にさばの水煮を汁ごと盛り、①と②をのせてマヨネーズで食べる。

［材料2人分］
さばの水煮缶（190g）…1缶
たまねぎ…1／8個
青じそ…2～3枚
マヨネーズ…少々

カリフラワーの卵サラダ

糖質
2.1g

エネルギー　137kcal
塩分0・7g
（1人分あたり）

1 カリフラワーは小房に切り分けて耐熱容器に入れる。水大さじ1（分量外）を振りかけ、ラップをふわりとかけて電子レンジで1分30秒加熱する。

2 卵は溶きほぐし、マヨネーズを加えて混ぜる。

3 フライパンにオリーブ油を熱し、②を入れて炒り卵を作る。ブラックオリーブは輪切りにする。

4 ①と③、生ハム、バジルをフレンチドレッシングで和える。

【材料2人分】
カリフラワー…80g
卵…1個
マヨネーズ…小さじ1
ブラックオリーブ…4〜5個
生ハム…4枚
オリーブ油…小さじ1
バジルの葉…5〜6枚
フレンチドレッシング…適量
＊15gあたり炭水化物0・9gの市販品を使用

冷しゃぶサラダ

糖質
2.0g

エネルギー　207kcal
塩分1.4g
（1人分あたり）

1 鍋に湯を沸かし、沸騰前の温度（70〜80度）を保ちながら、豚肉を菜箸でとって湯の中をくぐらせ、肉の色が変わるまでゆでたらナンプラーを振り、下味をつける。器にサラダ菜、肉の順に盛り、上から韓国のりを手でちぎって散らす。

2 混ぜ合わせたAとラー油をかける。

【材料2人分】
豚肩ロース肉（しゃぶしゃぶ用）…150g
ナンプラー…小さじ1/2
サラダ菜…1袋
韓国のり…1袋
ラー油…適量

A［ポン酢…大さじ1
　 水…大さじ1

＊ポン酢は100gあたり糖質16.1gの市販品を使用

旨さ倍増！ポイント

ゆでた豚肉が熱いうちにナンプラーを振りかけておくと、下味になり、臭み消しにもなる。

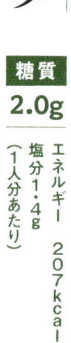

スモークサーモンとおからのサラダ

糖質
2.2g
エネルギー　231kcal
塩分1・9g
（1人分あたり）

1 スモークサーモンは食べやすい大きさに切る。きゅうりは薄い輪切りにし、しんなりするまで塩でもむ。

2 あらかじめ混ぜ合わせたAと①を和える。きゅうりは塩もみで出た水分ごと和える。

［材料2人分］
スモークサーモン…70g
きゅうり…1／2本
塩…少々
A［おから（生）…80g
　マヨネーズ…大さじ3

刺身

塩もみかぶと甘えびの三つ葉和え

糖質 1.1g

エネルギー 62kcal
塩分0.8g
（1人分あたり）

【材料2人分】
かぶ…1個
三つ葉…1/4束
塩…小さじ1/4
甘えび…40g
オリーブ油…小さじ2

1 かぶは皮をむいて半分に切り、薄切りにする。三つ葉はざく切りにする。

2 ①に塩を振って軽くもみ、しんなりするまでしばらくおく。

3 甘えびと②を和え、器に盛ってオリーブ油をかける。

旨さ倍増！ポイント

かぶから出た水分も旨みとなるので一緒に和える。

サーモンのみそマヨ和え

糖質
1.0g

エネルギー　108kcal
塩分0.3g
（1人分あたり）

1 サーモンは細長く切り、マヨネーズと、辛口みそを混ぜたもので和える。

2 レタスは細切りにする。

3 器に①と②を盛り合わせ、白いりごまを振る。

【材料2人分】
サーモン（刺身用）…50g
マヨネーズ…大さじ1
辛口みそ…小さじ1／2
レタス…1枚
白いりごま…少々

たことぎゅうりの豆板醬和え

糖質
0.9g

エネルギー 96kcal
塩分0.9g
（1人分あたり）

1 きゅうりはヘタを切り落とし、麺棒でたたいてひびを入れる。手で食べやすい大きさに割る。

2 たこはぶつ切りにする。

3 混ぜ合わせたAに①、②を入れて和える。

［材料2人分］
たこ（刺身用）…80〜100g
きゅうり…1/2本
A ┌豆板醬…小さじ1/2
　└マヨネーズ…大さじ1

ほたてゆずこしょう

糖質 2.7g

エネルギー　82kcal
塩分0.9g
（1人分あたり）

1 ほたては厚みを半分に切り、Aで和える（薄切りのものはそのまま使う）。

2 大根のつまは冷水にさらし、さっと洗う。

3 わかめと一緒に①、②を盛りつける。

【材料2人分】

ほたて（刺身用）…80g
大根（つま）…適量
わかめ…少々
A［ゆずこしょう…小さじ1/2
オリーブ油…小さじ2

旨さ倍増！ポイント

刺身についている大根のつまは、ボウルに冷水を張ってさらすとシャキッとする。

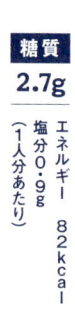

ごまかんぱち

糖質
0.6g

エネルギー 94kcal
塩分0.5g
（1人分あたり）

1 かんぱちは幅5㎜ほどの刺身におろす。かいわれ大根は根を切り落とす。

2 ①を器に盛りつけ、白すりごまで和えてしょうゆで食べる。

【材料2人分】
かんぱち（さく）…100g
かいわれ大根…適量
白すりごま…大さじ1
しょうゆ…適量

旨さ倍増！ポイント

すりごまを振ることで、ごまの風味と香りが加わり、かんぱちがさらにおいしくなる。

いかそうめんユッケ風

糖質
0.1g
エネルギー　96kcal
塩分0.6g
（1人分あたり）

1 いかそうめんはごま油、白いりごまと和え、なじませてから塩を混ぜる。

2 ①を器に盛り、卵黄をのせる。

［材料2人分］
いかそうめん…70g
ごま油…大さじ1／2
白いりごま…小さじ1／2
塩…少々
卵黄…1個

旨さ倍増！
ポイント

いかそうめんの表面にごま油がなじむと油膜ができる。そのあとに塩を振ると、塩が少量でもおいしい。

かつおの刺身

糖質
0.8g

エネルギー　96kcal
塩分0.6g
（1人分あたり）

【材料2人分】
かつお（さく）…160g
しょうが（おろし）…適量
しょうゆ…適量
つま［大根…適量
　　　青じそ…適量

1 かつおは、包丁を立てて幅7～8mmの厚切りにし、つまと一緒に盛りつけて、しょうがじょうゆで食べる。

旨さ倍増！
ポイント

身の厚い魚は、歯ごたえやねっとりとした食感を味わえる厚切りにするとおいしい。

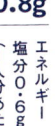

まぐろアボカド

糖質
1.9g

エネルギー 241kcal
塩分0.7g
（1人分あたり）

1 まぐろは2cm角のサイコロ状に切る。

2 アボカドは皮と種を取り、2cm角のサイコロ状に切ってレモン汁をかける。

3 ①と②を器に盛り、わさびじょうゆで食べる。

【材料2人分】
まぐろ（さく）…150g
アボカド…1個
レモン汁…少々
わさび…少々
しょうゆ…小さじ1

旨さ倍増！ポイント

アボカドは皮をむくと色が黒く変色していくので、レモン汁をかけて色止めをする。すぐに食べるならレモン汁はかけなくてよい。

白身魚の梅ソース

糖質
1.7g

エネルギー　107kcal
塩分0.3g
（1人分あたり）

1 たいは薄くそぐように切る。

2 かいわれ大根は根を切り落とし、①で巻く。

3 練り梅をつける。

［材料2人分］
たい（さく）…100g
かいわれ大根…1/2パック
練り梅（チューブ）…適量
＊練り梅は100gあたり糖質46.8gの市販品を使用

旨さ倍増！ポイント

たいのさくは半冷凍にしておくと、薄く切りやすい。

column

糖質オフの家呑みこそ太らない最強の呑み方！

いい加減な糖質オフでは呑んだら太ります

いくら食べても太らない酒のつまみの最強のポイントは、酒とつまみの糖質量をコントロールすることです。

なぜ太るのかというと、糖質をとりすぎるからです。

いまや糖質オフのアルコール類が増え、ウイスキーで作るハイボールや、焼酎で作るレモンサワーが大人気。ここまで「糖質オフ」が市民権を得たのはとても喜ばしいことです。

しかし、糖質オフの酒を呑みながら、なんとなくの感覚で糖質オフつまみを食べていませんか？

枝豆や塩焼き鳥、冷奴などは、店で出されても優秀な糖質オフ料理であることは間違いありませんが、注意しないと糖質をドカン！と、とってしまう危険があります。

アルコールが入れば、これも食べたい、あれも食べたいとなり、結局は普通に食べていたなんてことはないでしょうか？あるいは、糖質オフの酒を呑んだにもかかわらず、酔った勢いで〆のラーメンなどを食べていないでしょうか？

家呑みでも、「ちょっとだけならいいか」と揚げ物や、練り物、できあいの惣菜などを食べていないでしょうか？

せっかく酒の糖質をカットしたなら、つまみの糖質も徹底的にコントロールすべきです。そうすれば、いくら呑んでも太らない晩酌が実現します。

遅い時間に呑むほど糖質オフが肝心です

私は目的に合わせて3つの糖質オフの食べ方を紹介しています。

朝と昼は普通の食事をして、夜だけ主食を抜いて糖質量を20g以下にするのをプチコースと呼び、健康を維持したい人、糖尿病を予防したい人、ゆるやかに減量したい人向けと位置づけています。

食べ終えたらあとは寝るだけの夜の食事で、糖質を20g以上とると、とりすぎた分は脂肪となって体に溜め込まれていきます。ですから、晩酌で糖質をとらないことは太らない食べ方そのものです。

この本では糖質量のほかにカロリーと塩分量を表示していますが、カロリーは糖質を減らすことでカロリー不足になるのを防ぐため、塩分は塩分コントロールを必要とする人のためのものです。健康な方は糖質量だけを足し算して役立ててください。

焼き物

串に刺さない焼き鳥

糖質
3.8g

エネルギー　138kcal
塩分1.3g
（1人分あたり）

［材料2人分］

鶏もも肉…小1／2枚
長ねぎ…1本
油…小さじ1／2
七味唐辛子…好みで
A［焼酎…大さじ1／2
　塩…小さじ1／2

1 鶏肉はひと口大に切って混ぜ合わせたAに5分ほど漬けておく。ねぎはぶつ切りにする。

2 フライパンに油をひき、鶏肉の皮目を下にして並べる。肉をおいてから火をつけて焼く。余分な脂が出たらキッチンペーパーで拭きながら両面を色よく焼く。

3 鶏肉が焼きあがる前にねぎを加え、ねぎに焼き色がついたら器に盛る。好みで七味唐辛子を振る。

旨さ倍増！
ポイント

皮目を下にして焼くと余分な脂が落ちておいしく焼ける。余分な脂は臭みの元となるので、キッチンペーパーで拭きながら焼く。

どっさり薬味の焼きほっけ

糖質
0.9g

エネルギー　324kcal
塩分3・9g
（1人分あたり）

1 ほっけはグリルで焼く。

2 みょうがは縦半分に切ってから斜め薄切りにする。青じそは手でちぎる。

3 ①を器に盛り②をのせ、レモンをしぼって食べる。

［材料2人分］
ほっけ（干物）… 1枚
みょうが… 1個
青じそ… 5〜6枚
レモン… 適量

ブロッコリーサラミの目玉焼き

糖質 0.8g

エネルギー 163kcal
塩分0.7g
(1人分あたり)

1 ブロッコリーは小房に切り分けて耐熱容器に入れ、大さじ1の水(分量外)を振る。ラップをかけて電子レンジで1分30秒加熱したら塩を振る。

2 フライパンに油を熱し、十分に温まったら卵を割り入れ、火を弱めの中火にして蓋をせずに黄身がやわらかい目玉焼きを焼く。

3 器に①、薄切りのサラミ、目玉焼きを盛り、粗びき黒こしょうを振る。

【材料2人分】
ブロッコリー…1/3株
サラミ…小パック1袋
塩…少々
卵…1個
油…大さじ1
粗びき黒こしょう…少々

旨さ倍増!ポイント

ブロッコリーと目玉焼きの熱でサラミが温まり、やわらかく、おいしくなる。

ししとう・エリンギポン酢

糖質 3.1g

エネルギー　22kcal
塩分0・6g
（1人分あたり）

1 ししとうは包丁で縦に切り込みを入れる。エリンギは包丁で少し切り込みを入れ、手で縦に裂く。

2 ①をグリルで色よく焼く。混ぜ合わせたAをかけて食べる。

［材料2人分］
ししとう…6本
エリンギ…1パック
A［ポン酢…大さじ1
**　水…大さじ1**
＊ポン酢は100gあたり糖質16・1gの市販品を使用

旨さ倍増！
ポイント

食材に切り込みを入れたり、手で裂くことで味がしみやすくなる。また、ポン酢は水で割って使うと糖質量が抑えられる。

パリパリ鶏皮

糖質
0g

エネルギー 261kcal
塩分0.3g
（1人分あたり）

1 油をひいたフライパンに鶏皮を広げて並べ、焼く。このとき、フライパンよりひとまわり小さい、平らな蓋（なければヘラで）で皮を押しつけて、両面がカリカリになるまで焼く。皮から出る余分な脂はキッチンペーパーでこまめに拭き取る。

2 ①を食べやすい大きさに切って塩を振る。

【材料2人分】
鶏皮…2枚
油…少々
塩…少々

ほたてバター

糖質
1.1g

エネルギー 61kcal
塩分0.9g
（1人分あたり）

1 フライパンにバターを入れて溶かし、泡が立ってきたらほたてを入れて両面を色よく焼く。

2 ①にしょうゆを入れ、ほたてに味をからめたら器に盛る。

【材料2人分】
ベビーほたて…100g
バター…大さじ1/2
しょうゆ…小さじ1

旨さ倍増！ポイント

しょうゆを入れるとこげやすくなるのでサッと炒める。

焼きしいたけのいくらかけ

糖質 0.3g

エネルギー 45kcal
塩分0.4g
（1人分あたり）

1 しいたけは軸を切り落とし、ひだを上にしてグリルで焼く。ひだに水滴がたまってきたら取り出して、いくらをのせて熱いうちに食べる。

【材料2人分】
しいたけ…大2個
いくら…大さじ2

旨さ倍増！ポイント

しょうゆ漬けのいくらは、しいたけの香ばしさとマッチ。

マッシュルームのゴルゴングラタン

糖質 0.2g

エネルギー　37kcal
塩分0.4g
（1人分あたり）

1
マッシュルームは軸を切り落とし、かさのくぼみにゴルゴンゾーラチーズをスプーンで詰め、オーブントースターで焼く。チーズが溶けたらできあがり。

［材料2人分］
マッシュルーム…4個
ゴルゴンゾーラチーズ…適量

旨さ倍増！
ポイント

ゴルゴンゾーラチーズが苦手な人は、ほかのチーズで代用OK。

ラムチョップのねぎ塩

糖質
2.0g

エネルギー 291kcal
塩分1.4g
（1人分あたり）

1 フライパンに油を入れて強火で熱し、ラムチョップを入れる。片面2分を目安に両面を色よく焼く。塩だれの材料を混ぜ合わせておく。

2 器に盛り、塩だれをつけて食べる。

【材料2人分】
ラムチョップ…4本
油…大さじ1/2
塩だれ
- 長ねぎ（みじん切り）…1/3本
- レモン汁…大さじ1
- 塩…小さじ1/2
- ごま油…大さじ1

しらすとねぎの卵焼き

糖質
0.7g
エネルギー　125kcal
塩分1.2g
（1人分あたり）

1 卵を溶きほぐし、Aと混ぜ合わせておく。

2 フライパンを強火で熱し、ごま油を入れてなじませたら①を一気に入れて菜箸でゆっくり大きく混ぜる。

3 卵が半熟になったら、しらすと万能ねぎを加え、卵を大きく崩しながら炒めて器に盛る。

［材料2人分］
卵…2個
しらす…大さじ3
万能ねぎ（小口切り）…2～3本
ごま油…大さじ1/2
A
鶏ガラスープの素…小さじ1/2
水…大さじ1
しょうゆ…少々

しいたけのザーサイ炒め

糖質 0.6g

エネルギー 73kcal
塩分3.1g
（1人分あたり）

1 しいたけは軸を切り落とし、半分に切る。

2 フライパンに油を熱し、しょうがを炒める。香りが立ってきたら強火にして、しいたけとザーサイを入れる。しいたけがしんなりするまで炒めればできあがり。

【材料2人分】

しいたけ…1パック
ザーサイ…30g
しょうが（みじん切り）…小さじ1
油…大さじ1

旨さ倍増！ポイント

しいたけは、まるっとして肉厚なものが新鮮でおいしい。

スピードソーセージ

糖質
0.8g

エネルギー　161kcal
塩分0.6g
（1人分あたり）

【材料2人分】
豚肩ロース肉（薄切り）…6枚
青じそ…12枚
油…小さじ1
塩…少々
粒マスタード…適量

1 豚肉1枚を広げ、上に青じそを2枚のせて端からくるくる巻く。

2 フライパンに油をひいて熱し、①の巻き終わりを下にして焼き始め、転がしながら全体を焼いていく。

3 焼きあがったら塩を振って粒マスタードをつけて食べる。

旨さ倍増！ポイント

青じそをバジルに代えてもおいしくできる。

サイコロぶり

糖質
1.3g

エネルギー　307kcal
塩分0.4g
（1人分あたり）

1 ぶりはひと口大に切り、焼酎を振っておく。

2 Aは混ぜ合わせておく。

3 フライパンに油をひいて熱し、①を入れて両面を色よく焼く。火が通ったら塩を全体に振って、器に盛り、②とパセリを添える。

［材料2人分］
ぶり（切り身）…2枚
焼酎…大さじ1／2
油…大さじ1／2
塩…少々
パセリ…お好みで
A［大根おろし…大さじ2
　わさび（チューブ）…小さじ1／2

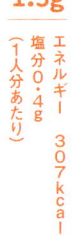

豚串

糖質
0.1g

エネルギー 164kcal
塩分0・3g
（1人分あたり）

1 豚肉は波打つように串刺しにする。

2 フライパンに油をひいて熱し、①を入れて、焼く。フライパンを傾けて、肉から出る脂で揚げるように焼くとカリッと仕上がる。

3 全体が色よく焼けたら、塩と七味唐辛子を振る。

肉は切らずに串刺しにする

【材料2人分】
豚バラ肉（薄切り）…4枚
油…小さじ1／2
塩…少々
七味唐辛子…適量

ガリバタささみ

糖質
1.4g

エネルギー　164kcal
塩分1.5g
（1人分あたり）

1　ささみの筋を取り、焼酎を振っておく。

2　フライパンを熱してバターを溶かし、にんにくと①を入れて焼く。火が通ったらしょうゆを加えて全体にからめる。器に盛って青のりを振る。

［材料2人分］
鶏ささみ肉…3本
焼酎…大さじ1
バター…大さじ1
にんにく（みじん切り）…小さじ1
しょうゆ…大さじ1
青のり…少々

旨さ倍増！ポイント

焼酎を振ることで肉がかたくなりにくく、おいしく焼ける。

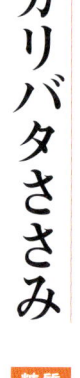

いかのうろ焼き

糖質
0.7g

エネルギー 105kcal
塩分1.2g
(1人分あたり)

1 いかは胴から足を内臓ごと取り外し、くちばし、目、軟骨を取り除く。肝はとっておく。いかの胴は横に数本の切り込みを入れ、足は食べやすい長さに切っておく。

2 アルミ箔に①と肝をのせて焼酎を振って包み、予熱したオーブントースターで10分ほど焼く。

3 アルミ箔を開き、切り込みに沿っていかを割いたら、肝をいか全体にからませてしょうゆをかけ、万能ねぎを振る。

[材料2人分]
するめいか…1杯
焼酎…大さじ1
しょうゆ…適量
万能ねぎ(小口切り)…適量

塩手羽先

糖質
0g

エネルギー　191kcal
塩分1・4g
（1人分あたり）

1 手羽先は裏側から包丁で骨の間に1本切り込みを入れ、塩と焼酎を振っておく。

2 フライパンに油を熱し、皮目を下にして手羽先を並べる。弱めの中火にしてじっくりと焼き、焼き色がついたら、裏返して同じように焼く。焼き始めから焼きあがりまでの目安は10分程度。

3 最後に七味唐辛子を振り入れ、全体にからめる。

【材料2人分】
鶏手羽先…4〜5本
塩…小さじ1/2
焼酎…小さじ2
油…小さじ1
七味唐辛子…小さじ1/2

旨さ倍増！ポイント

皮目から焼くことで形が崩れるのを防ぎ、皮から脂が出やすくなる。余分な脂は、キッチンペーパーで拭きながら焼く。

焼き鮭

糖質
0.5g

エネルギー　172kcal
塩分1.5g
（1人分あたり）

1 塩鮭に焼酎を振り、なじませる。

2 塩鮭の骨を取り除き、ひと口大に切る。

3 予熱したグリルで、色よく焼く。器に盛って大根おろしを添える。

［材料2人分］

塩鮭…2枚

焼酎…小さじ2

大根おろし…大さじ2

旨さ倍増！
ポイント

焼酎を振ることで、塩で締まっている鮭の身がほぐれて、やわらかい焼きあがりになる。

こんにゃくベーコン

糖質
0.9g

エネルギー　193kcal
塩分1.4g
（1人分あたり）

1 こんにゃくは熱湯で1分ゆでてあくを抜き、ザルに上げる。ベーコンは縦半分に切る。Aは混ぜ合わせておく。

2 こんにゃくにベーコンを巻き、つま楊枝でとめる。

3 フライパンに油をひいて熱し、ベーコンに焼き目がついたら、Aを回しかけてからめるように焼きつける。

［材料2人分］

玉こんにゃく（板こんにゃくをひと口大に切ってもよい）…8個

ベーコンスライス…4枚

油…小さじ1

A［粒マスタード…小さじ1
　しょうゆ…小さじ1

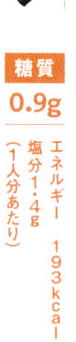

焼きたけのこ

糖質
1.2g

エネルギー　77kcal
塩分0・4g
（1人分あたり）

1 たけのこは食べやすい大きさに切る。

2 フライパンにオリーブ油をひいて熱し、①を入れて色よく焼く。かつお節を振り入れ、しょうゆを回し入れてからめるように焼く。

3 器に盛り、マヨネーズを添える。

【材料2人分】
たけのこ水煮…1/2個
オリーブ油…小さじ1
かつお節…小パック1袋
しょうゆ…少々
マヨネーズ…適量

糖質オフでも満足できる調理の裏方さんとは？

つまみの糖質量を左右するのは調味料です。材料はNG食材を避ければいいので、コツさえつかめばかなり自由に選べます。

しかし、調味料はちょっとくせ者。少ししか使わないから大丈夫と油断していると、それが積み重なって、あっという間に20gの枠を超えてしまいます。

基本の調味料は、しょうゆ、塩、マヨネーズ、穀物酢です。しょうゆと酢はそこそこ糖質が含まれますが、大量に使わなければ問題なし。

【糖質オフOK調味料】

塩
糖質 0g

しょうゆ（濃口）
糖質 10.1g

穀物酢
糖質 2.4g

マヨネーズ（卵黄型）
糖質 1.7g

くれぐれも砂糖やみりん、酒、ケチャップ、ソース、市販のドレッシング、麺つゆなどを大量に使わないようにしてください。

基本の4種だけでは食べ飽きるなら、レモンや青じそ、みょうが、シャンツァイ、ごまなどで風味を加えたり、だしにもなるちりめんじゃこやかつお節を使うのがおすすめです。

あるいは糖質の少ないナンプラーや豆板醬、七味唐辛子、粒マスタード、各種香辛料などでアクセントをつけても味に変化がつきます。オイスターソースも旨味とコクが出ますが、糖質が高めなので、使う場合は少量にとどめてください。

【糖質オフ香りづけ便利食材】

青じそ
糖質 0.2g

ちりめんじゃこ
糖質 0.5g

すりごま
糖質 5.9g

レモン果汁
糖質 8.6g

＊100gあたりの糖質量

明太チキン

糖質
0.6g

エネルギー 88kcal
塩分1.2g
（1人分あたり）

【材料2人分】
鶏ささみ肉…2本
明太子…1腹

1 ささみは白い筋の両脇にV字に切り込みを入れ、筋に包丁の刃をあててすべらせるようにして筋を取り除く。さらに、厚みを半分にするように深く切り込みを入れる。

2 ラップにささみを広げてのせ、中央に薄皮を取った明太子をのせて折りたたむようにラップで包む。これを2本作る。

3 耐熱皿に②をのせて電子レンジで1分30秒加熱する。一度取り出して、上下を返し、再度1分30秒加熱する。粗熱がとれてから切り分ける。

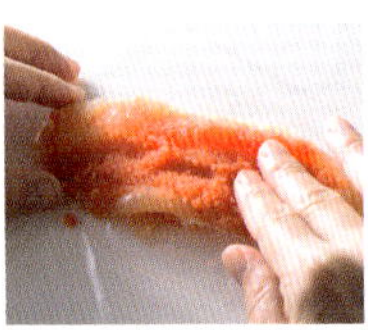
ささみの中央に明太子をまんべんなくのせる

ゆでいか

糖質
0.6g

エネルギー　157kcal
塩分1.1g
（1人分あたり）

1 いかは胴から足と内臓を引き抜き、胴と足は残して、内臓、くちばし、目、軟骨は取り除く。胴に切り込みを入れておく。

2 鍋に湯を沸かして①を入れ、弱火でいかの色が変わるまでゆでる。

3 ②を盛りつけ、マヨネーズと七味唐辛子をつけて食べる。

［材料2人分］
するめいか…1杯
マヨネーズ、七味唐辛子…各適量

蒸しなす

糖質
3.0g

エネルギー　48kcal
塩分0.5g
（1人分あたり）

1 なすはヘタを切り落とし、ヘタと反対側に十字の切り込みを入れる。1本ずつラップで巻いて耐熱皿にのせ、電子レンジで3分加熱する。

2 ①をラップのまま氷水に入れて完全に冷やし、ラップを取って食べやすい大きさに手で裂く。

3 ボウルにAを混ぜ合わせ、②を入れて和える。

【材料2人分】
なす…2本
A
しょうゆ…小さじ1
酢…小さじ1
すりごま…大さじ1

塩味の肉豆腐

糖質
3.1g

エネルギー　414kcal
塩分4.1g
（1人分あたり）

1 豆腐は食べやすい大きさに切る。みょうがは縦半分にして薄切りに、青じそは手でちぎってみょうがと合わせておく。

2 鍋にAと豆腐を入れて火にかけ、煮立ってきたら牛肉を入れてあくを取りながら10分ほど煮る。

3 器に盛り、①のみょうがと青じそをのせる。

［材料2人分］
牛こま肉…200g
豆腐（木綿）…1丁
みょうが…1個
青じそ…5〜6枚
A
鶏ガラスープの素…小さじ2
水…1カップ
焼酎…大さじ1
塩…小さじ1

よだれ鶏

糖質
2.0g

エネルギー　231kcal
塩分0・8g
（1人分あたり）

1
鶏肉はフォークで数か所穴をあけて、焼酎と塩をすり込む。これを耐熱容器に入れてラップをかけ、電子レンジで2分加熱する。一度取り出して上下を返して再度2分加熱したら、ラップをしたまま粗熱をとる。

2
①を食べやすい大きさに切り、混ぜ合わせたAをかけて香菜を添える。

【材料2人分】
鶏むね肉（皮なし）…1枚
焼酎…大さじ1
塩…小さじ1／4
香菜…適量
A
ラー油（食べるタイプ）…大さじ2
酢…大さじ1
鶏肉の蒸し汁…大さじ2

あさりの酒蒸し

糖質
0.2g

エネルギー　28kcal
塩分0・9g
（1人分あたり）

1 耐熱皿にあさりを入れて焼酎を振る。

2 ラップをかけて電子レンジで3分加熱する。殻が開かない場合は30秒ずつ再加熱する。

【材料2人分】
あさり（砂抜き済み）…200g
焼酎…大さじ1

旨さ倍増！ポイント

味は、あさりの塩分だけなので、好みでしょうゆをかけてもよい。

鮭と豆腐のレンジ蒸し

糖質
5.0g

エネルギー　216kcal
塩分1.1g
（1人分あたり）

1 乾燥わかめは水で戻しておく。たまねぎは薄切りにする。

2 器に水切りした豆腐を入れ、鮭の切り身をのせてラップをかけ、電子レンジで3分加熱する。

3 わかめとたまねぎを盛り合わせ、ポン酢をかけて食べる。

【材料2人分】
生鮭…1切れ
豆腐（絹）…1丁
乾燥わかめ…大さじ2
たまねぎ…1/8個
ポン酢…大さじ1

揚げ物

から揚げ

糖質 2.8g

エネルギー 462kcal
塩分1.2g
(1人分あたり)

1 鶏肉はひと口大に切り、Aと一緒に混ぜ合わせる。

2 生おからを①にまぶしつける。

3 深さのあるフライパンに②を並べ入れる。常温の油を鶏肉がひたるくらいまで注ぎ、中火で揚げていく。油の温度が上がってくると細かい泡が立ち、から揚げの表面が固まってくるので、上下を返しながら色よく揚げる。

［材料2人分］
鶏もも肉…1枚
生おから…適量
揚げ油…適量
A
塩…小さじ1/4
マヨネーズ…大さじ1
にんにく(おろし)…小さじ2

旨さ倍増！ポイント

から揚げ粉の代わりに、おからを使うことで糖質をカット。常温から揚げると、こげずに揚げられる。

ゴーヤチップ

糖質
1.5g

エネルギー　116kcal
塩分0・7g
（1人分あたり）

1 ゴーヤは真ん中を切り、ヘタも切り落とす。真ん中の切り口からワタと種を取り出して、薄い輪切りにする。

2 鍋に揚げ油を入れて中温（170度ぐらい）に温めたら①を一気に入れ、菜箸で混ぜながらゴーヤがカリッとするまで揚げる。

3 油を切ってからボウルにゴーヤとAを入れ、全体に味が回るように混ぜたら器に盛る。

【材料2人分】
ゴーヤ…1本
揚げ油…適量
A［塩…小さじ1/4
　カレー粉…小さじ1/4

旨さ倍増！ポイント

菜箸で混ぜながら揚げると温度が高くなりすぎず、こげ防止になる。

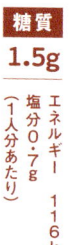

オクラチップとカリカリベーコン

糖質
0.8g

エネルギー 171kcal
塩分0.9g
（1人分あたり）

1 オクラはガクのまわりをそぎ落とし、縦半分に切る。

2 鍋に揚げ油を入れてを中温（170度ぐらい）に温めたら①を一気に入れ、菜箸で混ぜながら、オクラがカリッとするまで揚げる。

3 ベーコンは食べやすい大きさに切り、フライパンでカリッとするまで弱めの中火で焼く。②と一緒に盛りつけ、塩を振る。

【材料2人分】
オクラ…1袋
ベーコンスライス…3枚
揚げ油…適量
塩…少々

砂肝アヒージョ

糖質 1.1g

エネルギー 244kcal
塩分0.6g
（1人分あたり）

1 砂肝は薄皮をむくか下処理済みのものを使用し、食べやすい大きさに切る。

2 直火にかけられる器か小鍋に、①とAを入れて火にかけ、砂肝に火が通ったら火を止める。

［材料2人分］
鶏の砂肝…150g
A オリーブ油…1カップ
にんにく（潰す）…1片
赤唐辛子…1本
塩…小さじ1

旨さ倍増！ポイント

食べ終わって残った油はキッチンペーパーを使ってこせば、炒め物などに再利用できる。油に塩味がついているので味つけも不要。

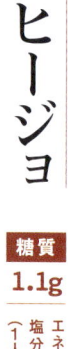

油っぽいつまみでコレステロールは上がる？

植物油はコレステロールを上げないという説もありますが、日本ではコレステロールは多くても問題ないとする脂質栄養学会と、コレステロールは少ない方がいいとする動脈硬化学会が対立しています。

私はほとんどの生物においてコレステロールは細胞膜の原料になるという理由から、ＬＤＬが１４０mg／dℓ以上あっても問題ないと考えています。世間ではＬＤＬコレステロールを悪玉などと呼びますが、本当の悪玉は粒が小さくて比重が高くて血液の流れを滞らせる小粒子コレステロール。これが血管の壁に入り込んで酸化したものが血管の壁に悪さをします。

現況では小粒子コレステロールの量を測ることができないせいで、真実をなかなか見極められないのです。

ただし、中性脂肪が１５０mg／dℓ以上で、ＨＤＬコレステロールが40未満だと小粒子コレステロールが増えるらしいとわかっています。中性脂肪は糖質をカットすると減っていきますから安心してください。

また、食べ物に含まれるコレステロールは、血中コレステロールにほとんど影響がないということもわかっています。ですから、卵や魚卵も食べてＯＫです。

トマトと卵炒め

糖質
2.8g

エネルギー 138kcal
塩分0.9g
（1人分あたり）

【材料2人分】
トマト…1個
卵…2個
マヨネーズ…小さじ1
しょうが（みじん切り）…大さじ1／2
ごま油…大さじ1／2
塩…小さじ1／4

1 トマトはヘタを取ってくし形切りにする。卵は溶きほぐしてマヨネーズを混ぜておく。

2 フライパンにごま油をひいて熱し、しょうがを入れる。香りが立ってきたらトマトを加えて炒める。

3 トマトの角が取れるくらいに炒めたら、トマトをフライパンの端に寄せ、空いたところに①の卵液を一気に流し入れる。半熟になったらトマトと炒め合わせて塩を振り、器に盛る。

きのこのアーリオオーリオ

糖質
2.9g
エネルギー　134kcal
塩分0.7g
（1人分あたり）

1　きのこ類は石づきを切り落とし、しめじは小房に分け、えのきたけは食べやすい大きさに切る。

2　フライパンにオリーブ油とにんにく、赤唐辛子を入れて熱し、にんにくの香りが立ってきたら①を入れて炒める。

3　きのこがしんなりしてきたら塩を振り、ひと炒めして器に盛る。

［材料2人分］
しめじ…小1パック
えのきたけ…小1パック
にんにく（みじん切り）…小さじ1
赤唐辛子…1本
オリーブ油…大さじ2
塩…小さじ1／4

豚バラのクミン炒め

糖質
4.5g

エネルギー　278kcal
塩分0.5g
（1人分あたり）

1 豚肉は1枚を4等分に切り、長ねぎは斜め薄切りにする。Aは混ぜ合わせておく。

2 フライパンに油をひいて熱し、クミンシードを入れ、香りが立ってきたら、豚肉、長ねぎの順に加えて炒める。

3 Aを回し入れ、からめるようにひと炒めして器に盛る。

【材料2人分】
豚バラ肉…100g
長ねぎ…1本
クミンシード…小さじ1/2
油…大さじ1/2
A
にんにく（おろし）…小さじ1/2
しょうゆ…小さじ1
焼酎…小さじ1

有頭えびのベトナム炒め

糖質
0.6g

エネルギー　76kcal
塩分1.5g
（1人分あたり）

1 フライパンに油をひいて熱し、にんにくを入れて香りが立ったらえびを入れて炒める。

2 えびが色づいてきたら、ナンプラーを回し入れてからめるように炒める。

3 ②を器に盛り、刻んだ香菜をのせる。

［材料2人分］
えび（有頭）…6本
にんにく（みじん切り）…小さじ1
油…小さじ1
ナンプラー…小さじ2
香菜…1株

まいたけのオイスター炒め

糖質 0.9g

エネルギー 56kcal
塩分0.6g
（1人分あたり）

1 まいたけは手で食べやすい大きさに裂いておく。

2 フライパンに油をひいて熱し、①を入れて両面に焼き色がつき、しんなりするまで炒める。

3 ②に混ぜ合わせたAを回しかけ、からめるように炒めたら器に盛る。

［材料2人分］
まいたけ…1パック
油…大さじ1/2
A［オイスターソース…大さじ1/2
　焼酎…大さじ1

旨さ倍増！ポイント

かさの色が濃く、肉厚で張りのあるまいたけが新鮮。

ポパイサラミ

糖質
0.7g

エネルギー　153kcal
塩分0.8g
（1人分あたり）

1 ほうれん草は根を落としてざく切りに、サラミは食べやすい大きさに切り、卵は溶きほぐしてマヨネーズを混ぜておく。

2 フライパンに油をひいて熱し、ほうれん草を入れてかさが減るまで炒める。これをフライパンの端に寄せ、空いたところに①の卵液を一気に入れる。半熟になったらサラミも加えて炒め合わせ、塩を振る。

［材料2人分］
ほうれん草…1束
油…大さじ1／2
サラミ…小パック1袋
卵…1個
マヨネーズ…小さじ1
塩…少々

旨さ倍増！ポイント

卵にマヨネーズを入れることで、ふんわり仕上がる。

軟骨ゆずこしょう

糖質 1.0g

エネルギー　77kcal
塩分1.1g
（1人分あたり）

1 Aは混ぜ合わせておく。フライパンに油をひいて熱し、鶏の軟骨を入れて両面に焼き色がつくまで焼く。

2 焼き色がついたらAを回し入れ、からめるように炒める。

［材料2人分］
鶏の軟骨…150g
油…小さじ1
A［ゆずこしょう…小さじ1
焼酎…大さじ1

旨さ倍増！ポイント

ゆずこしょうがないときは、塩で味付けしてもOK。

アスパラガスのカルボナーラ

糖質
1.3g
エネルギー 81kcal
塩分0.4g
（1人分あたり）

1 アスパラガスは根元のかたい部分を切り落として水にくぐらせる。これをラップで包み、耐熱皿にのせて電子レンジで1分30秒加熱して冷水にとる。

2 ①を半分の長さに切って器に盛り、温泉卵をのせて粉チーズ、粗びき黒こしょうを振る。

3 卵とチーズをからめながら食べる。

［材料2人分］
グリーンアスパラガス…1束
温泉卵（市販）…1個
粉チーズ…大さじ1〜2
粗びき黒こしょう…適量

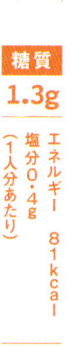

りんごとチーズの生ハム巻き

糖質
1.6g
エネルギー　120kcal
塩分1.0g
（1人分あたり）

1 カマンベールチーズは食べやすい大きさに切る。

2 りんごにカマンベールチーズをのせ、生ハムで巻く。

［材料2人分］
りんご（薄切り）…6枚
カマンベールチーズ…50g
生ハム…6枚

旨さ倍増！
ポイント

りんごは変色しやすいので、酢水かレモン水にくぐらせておくとよい。

生ハムチーズせんべい

糖質
0.5g

エネルギー　133kcal
塩分0.8g
（1人分あたり）

1 フライパンにチーズを大さじ1ずつ間隔を空けて置き、火にかける。

2 チーズが溶けてフチがこげてきたら、半分に切った生ハムをそれぞれにのせる。

3 チーズがフライ返しにのるくらいに焼けたら、バットに取り出して冷ます。

【材料2人分】
ピザ用チーズ…大さじ6
生ハム…3枚

旨さ倍増！
ポイント

こげ目がつくくらいしっかり焼くと、香ばしくパリッと仕上がる。

和風カプレーゼ

糖質
1.5g

エネルギー 29kcal
塩分0・3g
（1人分あたり）

1 チーズは半分に切る。青じそは手でちぎる。

2 青じそにチーズをのせて、練り梅をつける。

【材料2人分】
モッツァレラチーズ（チェリータイプ）…3個
練り梅（チューブ）…適量
青じそ…2枚
＊練り梅は100gあたり糖質46・8gの市販品を使用

旨さ倍増！ポイント

プロセスチーズやクリームチーズでもおいしい。

大豆製品

塩辛やっこ

糖質
3.2g

エネルギー 77kcal
塩分2・1g
（1人分あたり）

1 半分に切った豆腐を皿に盛り、塩辛をのせる。

［材料2人分］
豆腐（絹）…1／2丁（150g）
塩辛…60g

旨さ倍増！
ポイント

酒盗やからすみなど、珍味と豆腐の組み合わせも絶品。

油揚げのにらしょうゆがけ

糖質
1.9g

エネルギー　186kcal
塩分1.6g
（1人分あたり）

1　にらは根元のかたい部分を切り落とし、細かく切ってAと混ぜ合わせておく。

2　油揚げはフライパンで油をひかずに焼く。フライ返しで押しながらカリッとするまで焼いたら、食べやすい大きさに切る。

3　②を皿に盛り、①をかける。

【材料2人分】
油揚げ…1枚
にら…1/2束
A
　しょうゆ…大さじ1
　酢…大さじ1
　豆板醤…小さじ1/2
　ごま油…大さじ1

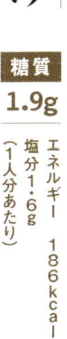

納豆キムチ

糖質
2.5g

エネルギー　53kcal
塩分0・6g
（1人分あたり）

1　万能ねぎは根を切り落として食べやすい長さに切る。材料をすべて混ぜる。

【材料2人分】
納豆（ひきわり）… 1パック（40g）
キムチ… 50g
万能ねぎ… 2〜3本

旨さ倍増！
ポイント

納豆とキムチは腸内環境をととのえる最強の組み合わせ。

油揚げマルゲリータ

糖質
2.1g

エネルギー　276kcal
塩分0.8g
（1人分あたり）

1 モッツァレラチーズは輪切りにし、ミニトマトはヘタを取って半分に切る。油揚げは、上に菜箸をおいて転がし、広げやすくする。長い辺を1か所残して3辺を細く切り落とし、油揚げを開く。

2 フライパンに①の油揚げをおき、両面がカリッとするまで焼いたら、①のチーズとトマトをのせてチーズが溶けるまで蓋をして蒸し焼きにする。

3 皿に盛ってバジルを散らし、オリーブ油をかけ塩を振る。

【材料2人分】
油揚げ…1枚
モッツァレラチーズ…1/2個
ミニトマト…5個
バジルの葉…適量
オリーブ油…大さじ1/2
塩…小さじ1/4

厚揚げ焼き

糖質
1.0g

エネルギー 178kcal
塩分0.9g
（1人分あたり）

1 厚揚げは食べやすい大きさに切り、フライパンで表面がカリッとするまで焼く。

2 器に盛り、しょうがじょうゆをかけて食べる。

［材料2人分］
厚揚げ…1枚
しょうが（おろし）…小さじ1
しょうゆ…適量

旨さ倍増！
ポイント

仕上げに刻んだねぎを足してもおいしい。

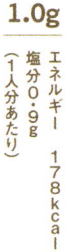

column

塩辛いつまみは血圧を上げる？

日本高血圧学会では1日の食塩摂取量の目標を6gに設定、WHOでは5～6gと設定しています。しかし、普通の味付けの食事をしていたら、この塩分量を守るのはほぼ不可能に思われます。

ところが、糖質をカットし続けると、だんだんと塩気が薄くてもおいしいと感じるようになってきます。料理の味付けは不思議なもので、塩をたくさん使うと甘さを加えて味のバランスを整えたくなります。逆に、砂糖をたくさん使う場合でも、塩を少し入れて甘みを引き立てたりします。

それが砂糖や甘味料を使わず、果物なども食べずにいると、舌が少量の塩でも満足するようになり、肉や魚、野菜の味がはっきりとわかるようになります。

16年以上、毎食の糖質を20g以下にしている私などは、たまに外食すると味が濃すぎて食べにくく感じるほどです。

血圧が正常の範ちゅうなら、塩分量に目くじらを立てなくてもよいですが、少ないほうがよりよいと思います。

みなさんも糖質をカットし続けていると、知らぬ間に薄味を好むようになるはずです。

column

アルコール度数の高い酒は薄めて呑む

糖質を含まない蒸留酒は、アルコール度数が高いのが特徴です。

のどを通る時にちりちり、ヒリヒリとした刺激を感じる酒は、食道がんや鼻・咽頭がんの原因になるので、ストレートで呑むのは避けたほうが無難です。

例えば、ウイスキーのアルコール度数は40度くらいですが、のどに刺激を感じたらそれは細胞が破壊されているということ。酒を呑むたびに細胞が破壊されて再生されるのをくり返すので、再生する際にDNAにエラーが起きやすくなって、がんの原因になるのです。

ですから、アルコール度数の高い酒は水割りやお湯割り、ソーダ割りなどにして呑むとよいでしょう。

焼酎は20~25度のものが一般的ですから、割って呑めばベストで、もっと濃い酒が呑みたいなら、オン・ザ・ロックがベターという感じです。たくさん氷を入れて、溶かしながらちびちび呑むとよいと思います。

割って呑むと早朝にトイレに起きて困るなら、寝しなに呑む酒は焼酎程度の度数のものをオン・ザ・ロックにすると朝までぐっすり眠れます。

3章

じっくり愉しむ満足の小鍋つまみ

小鍋

レタスのカレー常夜鍋

糖質
5.7g

エネルギー 424kcal
塩分3・2g
（1人分あたり）

1 レタスは手で食べやすい大きさにちぎり、油揚げは食べやすい大きさに切る。

2 鍋にAを煮立て、豚肉と油揚げを煮る。豚肉に火が通ったらレタスを加え、仕上げにカレー粉（分量外）を振る。

【材料2人分】
レタス…3〜4枚
豚ロース肉（しゃぶしゃぶ用）…200g
油揚げ…1枚
A
カレー粉…小さじ1
だし汁…3カップ
しょうゆ…大さじ2
ウスターソース…小さじ1
にんにく（おろし）…小さじ1
＊ウスターソースは100gあたり糖質26・3gの市販品を使用

旨さ倍増！
ポイント

常夜鍋といえばほうれん草だが、レタスを使う。レタスは火が通ってもシャキッとしていて、ほうれん草と違った味わいになる。

スンドゥブチゲ

糖質
7.3g

エネルギー　448kcal
塩分3・1g
（1人分あたり）

1 鍋にAを入れて煮立たせる。

2 ①に牛肉を入れてあくを取りながら煮る。肉に火が通ってきたら豆腐をスプーンですくって入れ、食べやすい長さに切った万能ねぎをのせる。

【材料2人分】
牛肉（すき焼き用）…200g
豆腐（絹）…300g
万能ねぎ…5～6本
A
だし汁…3カップ
しょうゆ…大さじ1
にんにく（おろし）…小さじ1/2
豆板醤…小さじ1/2
キムチ…100g

旨さ倍増！
ポイント

牛肉のあくをしっかり取るとグッとおいしくなる。

鶏だんごのタンタン鍋

糖質
4.3g

エネルギー　357kcal
塩分3.5g
（1人分あたり）

【材料2人分】
鶏ひき肉…200g
しょうが（おろし）…小さじ1／2
塩…小さじ1／2
もやし…1袋
にら…1／2束
A
にんにく（おろし）…小さじ1／2
白練りごま…大さじ2
すりごま…大さじ2
ラー油…小さじ2
B
鶏ガラスープの素…大さじ1
水…3カップ

1
ひき肉はパックの底のペーパーを取り出し、しょうがと塩を入れてスプーンで混ぜる。もやしは洗ってザルに上げ、にらは食べやすい長さに切る。Bは混ぜ合わせておく。

2
鍋にAを入れてよく混ぜ合わせてからBを少しずつ足してスープを作り、煮立たせる。

3
ひき肉はスプーン2個を使ってだんごにし、鍋に加えていく。煮えてきたらもやしとにらを加える。

パックの中で下味をつけ、洗い物を減らす

カマンベールフォンデュ

糖質 2.6g

エネルギー 237kcal
塩分1.1g
（1人分あたり）

【材料2人分】
カマンベールチーズ…1個
ブロッコリー…1/3株
かぶ…1個
ズッキーニ…1本
鶏ささみ肉…2本
水…1カップ

1 ブロッコリーは小房に切り分け、かぶは葉の部分を少し残して、皮をむかずにくし形切りにする。ズッキーニは棒状に切る。ささみは筋を取って棒状に切る。

2 カマンベールチーズの上面を包丁で切り取り、アルミ箔で包み込むようにして器にする。

3 フライパンに水と②を入れて蓋をし、火にかけて2〜3分蒸す。

4 カマンベールのまわりに①を並べ、ふたたび蓋をして3分蒸す。溶けたチーズをつけて食べる。

蓋をして、チーズを溶かしながら野菜も蒸す

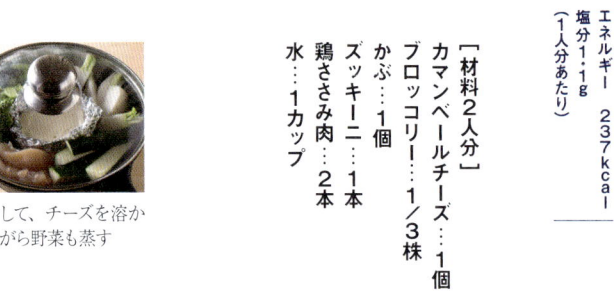

チーズタッカルビ

糖質
9.2g

エネルギー　536kcal
塩分3.0g
（1人分あたり）

1　鶏肉はひと口大に切る。白菜はざく切り、ねぎは斜め薄切り、にらは食べやすい長さに切る。

2　①とAをボウルに入れて混ぜる。

3　ホットプレート（フライパンでもよい）で②を炒め、鶏肉が焼けたら左右に寄せて中央を空け、チーズを入れる。チーズが溶けたら具をからめながら食べる。

【材料2人分】
鶏もも肉…1枚
白菜…1/4株の葉を3〜4枚
長ねぎ…1/2本
にら…1/2束
ピザ用チーズ…100g
A
コチュジャン…小さじ2
しょうゆ…大さじ1
焼酎…大さじ1
ごま油…大さじ1/2

旨さ倍増！
ポイント

炒めるときは、肉を先に焼き、少しあとで野菜を炒めると、同じタイミングで焼きあがる。

レモンオイルの鶏しゃぶ

糖質
3.1g

エネルギー　339kcal
塩分4.7g
（1人分あたり）

1　鶏肉は薄いそぎ切りにする。しめじは石づきを取って小房に分ける。青梗菜は葉の部分と軸の部分に切り分け、軸の部分は縦8等分に切る。

2　鍋に鶏ガラスープの素と水を入れて沸かし、沸騰したら①を入れてAを混ぜたオイルだれで食べる。

［材料2人分］
鶏むね肉…200g
しめじ…小1パック
青梗菜…1株
鶏ガラスープの素…大さじ1
水…3カップ
A
オリーブ油…1/4カップ
レモン汁…大さじ1
塩…小さじ1

あさりとわかめの鍋

糖質
2.4g

エネルギー　58kcal
塩分4・1g
（1人分あたり）

1 乾燥わかめは水で戻してザルにあげる。しらたきは食べやすい長さに切る。

2 鍋にAを煮立たせて、あさり、しらたき、わかめを加え、あさりの殻が開くまで煮る。

3 しょうがをのせる。

【材料2人分】
あさり（砂抜き済み）…150g
乾燥わかめ…大さじ2
しらたき（あく抜き済み）…1袋
しょうが（せん切り）…1片
A
だし汁…3カップ
焼酎…大さじ1
しょうゆ…大さじ2

column

糖尿病予備軍ですが、酒を呑んでもOK？

結論から言うとお酒は呑めます。

ただし、どんなお酒でもいいというわけではありません。糖質を含まないもの、あるいは糖質量の少ない辛口のワインに限ります。

そして、つまみも糖質量に注意して選んでください。糖質を徹底的に避けるようにすると、お腹に蓄えた脂肪はどんどん使われて適正体重になっていきます。

体に蓄える脂肪には内臓脂肪と皮下脂肪の2種類がありますが、減量すると先に内臓脂肪が消えていきます。

お腹に蓄えた脂肪というのは、ほとんどが内臓脂肪です。内臓脂肪にはインスリンの効きを悪くする作用があるため、血糖値に悪影響を及ぼします。お腹がスッキリすれば、そのまま糖尿病に進むことを避けられます。

メタボリックシンドロームの診断基準となる腹回りは、男性が85㎝以上、女性が90㎝以上ですから、それを超えている場合は、ただちに糖質をカットしてください。

糖質を減らすと腹回りが細くなり、血糖値も上がりにくくなります。

4章

ラーメンに別れを告げる〆の一品

にんにくステーキ

糖質 1.4g

エネルギー　396kcal
塩分1.4g
（1人分あたり）

【材料2人分】
牛ステーキ肉（サーロイン／200g）…1枚
油…大さじ1
にんにく（スライス）…1片
塩…小さじ1／2
こしょう…少々

1 ステーキ肉は常温に戻して両面に塩・こしょうを振る。

2 フライパンに油とにんにくを入れて火にかけ、弱めの中火でにんにくが色づくまで炒めたら取り出す。

3 ②のフライパンの火を中火にして、ステーキ肉を入れて焼く。上の面に肉汁が上がってきたら裏返して1分ほど焼く。

4 食べやすい大きさに切って器に盛り、にんにくを散らす。肉とにんにくを一緒に食べる。

厚揚げタイカレー

糖質
3.5g

エネルギー　232kcal
塩分0・6g
（1人分あたり）

【材料2人分】
タイカレー缶詰…1缶
厚揚げ…1枚

1 厚揚げは手でひと口大にちぎり、器に盛る。

2 缶詰のカレーを①にかけてラップをかけ、電子レンジで2分温める。

小麦粉を使わないタイカレーは糖質が少ない

ひき肉トンテキ

糖質
1.3g

エネルギー　311kcal
塩分1.4g
（1人分あたり）

【材料2人分】
豚ひき肉…200g
トマト…1／2個
塩…小さじ1／2
オリーブ油…大さじ1
油…小さじ1

1 豚ひき肉はパックから出さずに、手で押さえて四角く形をととのえる。

2 フライパンに油をひいて熱し、パックをひっくり返して①を入れる。肉が焼けたら裏返して蓋をし、弱めの中火にして4～5分蒸し焼きにする。

3 ②を器に盛り、角切りにしたトマト、塩、オリーブ油を合わせたソースをかけて食べる。

旨さ倍増！
ポイント

辛いのが好きな人は、ソースにタバスコⓇを入れてもおいしい。

糖質ゼロラーメン

糖質
3.7g

エネルギー　32kcal
塩分3・3g
（1人分あたり）

1　鍋にAと低糖質麺を入れて煮立てる。

2　①を器に盛り、半分に切った煮卵、メンマ、ねぎ、のり、こしょうをトッピングする。

【材料2人分】
市販の低糖質の麺…2袋
煮卵（市販）…1個
味付けメンマ（市販）…4〜5本
のり（8枚切り）…2枚
長ねぎ（小口切り）…適量
こしょう…少々
A［鶏ガラスープの素…大さじ1
　水…2と1／2カップ
　しょうゆ…大さじ1
＊煮卵は1個あたり糖質1・1g、味付けメンマは100gあたり糖質8gの市販品を使用

旨さ倍増！
ポイント

低糖質の麺は味がしみにくいので、冷たいスープから煮立てて味をしみこませる。

＊このレシピでは糖質を含まない麺を使っています

オムそば

糖質
1.5g

エネルギー　222kcal
塩分0・9g
（1人分あたり）

1 糸こんにゃくは水気を切る。フライパンに油(大さじ1／2)をひいて熱し、糸こんにゃくを炒める。表面がチリチリしてくるまで炒めてウスターソースを回しかけ、ひと炒めしたら皿に取り出す。フライパンはキッチンペーパーで拭いておく。

2 卵はマヨネーズと合わせて溶きほぐす。

3 ①のフライパンに油（小さじ1）をひいて熱し、卵液を一気に流し入れて菜箸で大きく混ぜて半熟にする。

4 ③に①をのせて半分に折りたたみ、皿に盛り、トッピングする。

［材料2人分］
糸こんにゃく（あく抜き済み）…1袋
油（炒め用）…大さじ1／2
ウスターソース…小さじ2
卵…3個
マヨネーズ…小さじ2
油（卵焼き用）…小さじ1
トッピング「マヨネーズ
青のり
紅しょうが　各適量
＊ウスターソースは100gあたり糖質26・3gの市販品を使用

いくら食べても太らない！

糖質オフOK食材一覧

肉、卵、魚介とメインになりそうな食材はほとんどＯＫ。枝豆をはじめとする大豆製品も安心して食べられます。乳製品は、カロリーが高くても糖質は少なめなので、チーズたっぷりのつまみだって食べられます。

野菜や海藻、きのこ、こんにゃくももちろんＯＫ。肉・魚・野菜類はたいていのものがＯＫ食材なのです。あとは調味料に気をつければ、太らないつまみが次々に作れます。植物油とラードは糖質ゼロ。バターに含まれる糖質もごく微量なので、炭酸系の酒によく合うこってりつまみもＯＫ！

肉・卵

牛肩ロース肉
糖質 0.2g

鶏もも肉
糖質 0g

豚バラ肉
糖質 0.1g

全卵
糖質 0.3g

＊100ｇあたりの糖質量

魚介

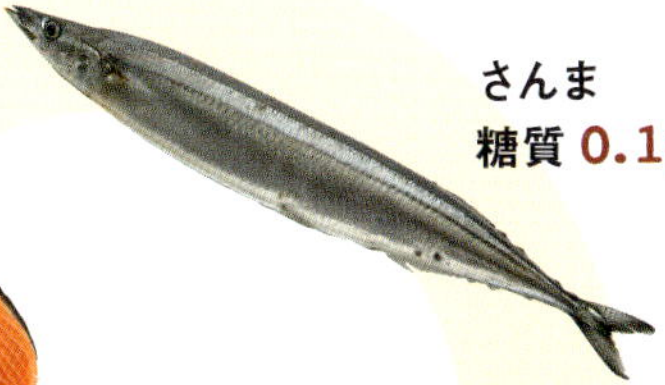

さんま
糖質 0.1g

鮭
糖質 0.1g

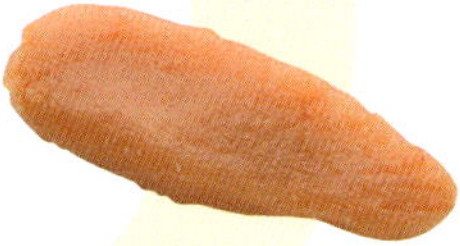

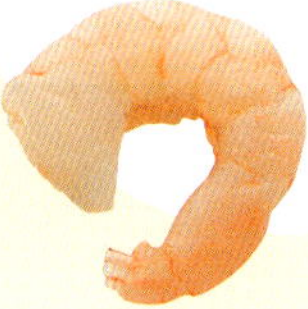

えび
糖質 0.1g

たらこ
糖質 0.4g

大豆・大豆加工食品

木綿豆腐
糖質 1.2g

油揚げ
糖質 1.4g

枝豆（ゆで）
糖質 4.3g

乳製品

プロセスチーズ
糖質 1.3g

生クリーム
糖質 3.1g

パルメザンチーズ
糖質 1.9g

カマンベールチーズ
糖質 0.9g

野菜・果物

小松菜
糖質 0.5g

アボカド
糖質 0.9g

大豆もやし
糖質 0g

ブロッコリー
糖質 0.8g

海藻

塩蔵わかめ
糖質 0.1g
(湯通しして塩を抜いたもの)

塩蔵もずく
糖質 0g
(塩を抜いたもの)

きのこ

マッシュルーム
糖質 0.1g

しいたけ
糖質 1.5g

こんにゃく類

しらたき
糖質 0.1g

油脂

バター

有塩バター
糖質 0.2g

無塩バター
糖質 0.2g

発酵バター
糖質 4.4g

植物油、
ラードは
糖質 0g

食べたら太る!
糖質オフNG食材一覧

糖質が大量に含まれているのはごはん、麺、パンなどの主食と、その材料になる小麦粉や片栗粉、パン粉の類。糖質の塊である甘味料はもっとも避けるべきものです。

いも類やかぼちゃ、にんじん、パプリカなどの甘みが強い暖色野菜、根菜類も糖質が多い注意食材。豆にはヘルシーなイメージがありますが、糖質量はかなり多め。食べてよいのは大豆だけです。また、果物にも体内で速やかに吸収される果糖という糖質やブドウ糖、ショ糖が大量に含まれています。味付け缶詰や魚の練り物にも糖質が多く含まれているので注意が必要です。

主食

スパゲティ(乾燥80g)
糖質 56.9g

ごはん(150g)
糖質 55.2g

うどん(ゆで150g)
糖質 31.2g

食パン(60g・6枚切1枚)
糖質 26.6g

甘味料

はちみつ（23g・大さじ1）
糖質 18.3g

砂糖（10g・大さじ1）
糖質 9.9g

黒砂糖（20g）
糖質 17.9g

*100g あたりの糖質量

いも類

じゃがいも
糖質 16.3g

さつまいも
糖質 30.3g

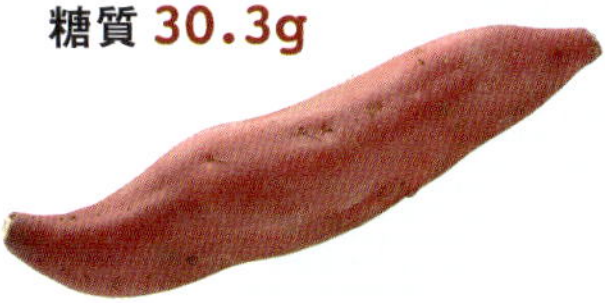

やまいも
糖質 24.6g

はるさめ（乾燥）
糖質 85.4g

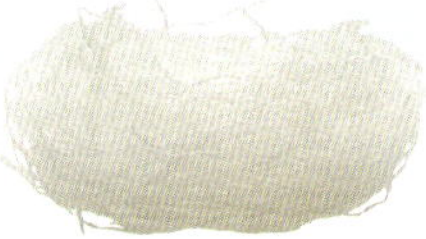

暖色野菜・根菜

れんこん
糖質 13.5g

とうもろこし
糖質 13.8g

かぼちゃ
糖質 17.1g

少量ならOK!

たまねぎ
糖質 7.2g

トマト
糖質 3.7g

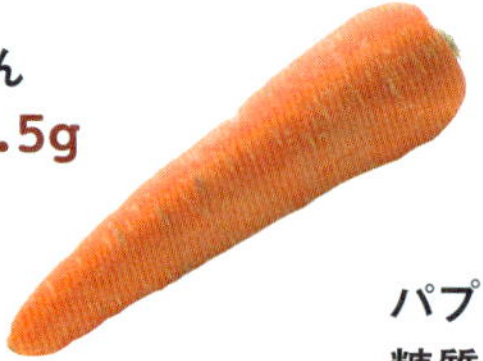

にんじん
糖質 6.5g

パプリカ
糖質 5.6g

＊100gあたりの糖質量

果物

りんご
糖質 14.3g

キウイフルーツ（緑）
糖質 11.0g

加工品

さつま揚げ
糖質 13.9g

さんま味付け缶詰
（液汁を除いたもの）
糖質 5.6g

ちくわ
糖質 13.5g

はんぺん
糖質 11.4g

材料別索引

野菜・果物・きのこ

魚介類・加工品

乳製品

その他

一般財団法人高雄病院 理事長・医師
江部康二（えべ・こうじ）

1950年、京都府生まれ。1974年、京都大学医学部卒業。1999年、高雄病院に糖質制限食を導入し、2001年から本格的に取り組む。4000を超える症例から糖尿病や肥満、生活習慣病、アレルギーなどに対する糖質制限食の効果を証明してきた、糖質制限の第一人者。自らも実践し糖尿病を克服。『増補新版 食品別糖質量ハンドブック』（洋泉社）、『やせぐせがつく糖質オフの作りおき』（宝島社）など著書・監修書多数。

栄養士・フードコーディネーター
落合貴子（おちあい・たかこ）

栄養士免許取得後、自然食品メーカーにてカウンセリングなどを経てフードコーディネーターに。多数の料理家のアシスタントを務め、料理家として独立。テレビや雑誌などで「優しく・おいしく・楽しく」を心がけたレシピを提案。キッチンスタジオにて料理教室も開催。近著に『超健康！若返る！ラクうま「水煮缶」ダイエット』（宝島社）。

いくら食べても太らない！旨い酒のつまみ

2018年5月30日　第1刷発行
2021年6月19日　第2刷発行

著者　江部康二

料理　落合貴子

発行人　蓮見清一

発行所　株式会社宝島社
〒102-8388
東京都千代田区一番町25番地
営業　03（3234）4621
編集　03（3239）0927
https://tkj.jp

印刷・製本　株式会社廣済堂

ISBN978-4-8002-8375-7